Goethes Briefe an Auguste zu Stolberg

Johann Wolfgang von Goethe

Gräfin Augusta Louise zu Stolberg-Stolberg

(Editor: Max Hecker)

Alpha Editions

This edition published in 2022

ISBN : 9789356903432

Design and Setting By
Alpha Editions
www.alphaedis.com
Email - info@alphaedis.com

Contents

Einleitung des Herausgebers

»Der Liebe Sehnsucht fordert Gegenwart.« — Goethe, mit jedem Pulsschlage seiner Empfindung nach greifbarer Gegenständlichkeit, nach sinnenfälliger Wirklichkeit drängend, ist zu versichern nicht müde geworden, daß persönliche Bekanntschaft erforderlich sei, »das Siegel eigentlich auf jedes wahre sittliche Verhältnis zu drücken.« Doch auch er hat einmal geglaubt, mit Augen der Sehnsucht den fernenden Nebel durchdringen zu können, der ihm ein leiblich nie geschautes Antlitz verbarg, mit Armen der Freundschaft hinüberreichen zu können über eine Kluft, die keine unmittelbare Begegnung überbrückte. In jener bedeutsamen Zeit deutscher Geistesentwicklung ist das gewesen, da unsere Literatur, wiedergeboren aus dem Schoße frisch erwachten Naturgefühles, aufbrausend im »Sturm und Drang« erneuerter Jugendfülle, alle suchenden Seelen in gleichen Bann schlug, da Goethe, der diese neue Literatur mitgeschaffen, jung wie sie, voll leidenschaftlichen Verlangens, einstimmende Herzen von Nähen und Weiten forderte.

»Sturm und Drang« — an dem ergreifendsten Erzeugnis dieser aufgewühlten Epoche, an den »Leiden des jungen Werthers« hatte sich Auguste Luise Gräfin zu Stolberg-Stolberg entzündet, als sie im Januar 1775 an den ihr fremden Dichter den ersten Brief richtete. Geboren am 7. Januar 1753, Sprößling eines uralten niederdeutschen Geschlechtes, lebte sie »still und bewegt« ein unscheinbares reiches Leben; das südliche Holstein, die dänische Insel Seeland, die Niederungen der Elbmündung sind mit ihrem Wechsel von Wiese und Buchenwald, von Moor und Ackerfläche, von schäumender Meeresbrandung und kosendem Landsee der begränzte Schauplatz dieses weiten Daseins gewesen. Gustchens Vater, Graf Christian Günther, war seit 1756 Hofmarschall der Königin-Witwe Sophia Magdalena in Kopenhagen; als er 1765 starb, hatte er jedes seiner zahlreichen Kinder für alle Folgezeit gefestigt in dem ihm eigenen Sinne lauterer Frömmigkeit und frohen Bekennermutes. Die Mutter (gest. 1773), eine harmonische Natur, den »schönen Seelen« des Pietismus verwandt, mit regsamer Empfindung und Kraft der Phantasie begabt, ward den Ihren gemütvolle Erweckerin einer entschiedenen Neigung und Fähigkeit zur Dichtkunst, und dieser allgemeine poetische Geist vertiefte und verklärte sich an Wesen und Werk des Messias-Dichters Klopstock, der, 1751 nach Dänemark berufen, in vertrautester Freundschaft zur Familie stand. Klopstock ist der Leitstern geblieben, nach dem die Stolberge ihr Leben und Dichten gerichtet haben; nach seinem Muster hat Gustchens ältere Schwester Katharina ihr biblisches Drama »Moses« verfaßt. Und auch Bruder Friedrich Leopold, dessen schöner ausdauernder Enthusiasmus sich die Liebe jugendlicher Mitstrebenden wie die Anerkennung kritischer Nachwelt erwerben durfte, ist der früh eingesogenen Bewunderung Klopstocks niemals untreu geworden, ob er gleich voll Selbstgefühls sein *Zögling* nicht hat heißen mögen, den schlichten Ton singbaren Liedes jeder volltönenden Odenform vorgezogen hat und, von dem Wehen des »Sturmes und Dranges« ergriffen, einzig im eigenen Bewußtsein, in der sich selbst verbürgenden Dichterkraft Maß und Richtschnur seines Schaffens hat erkennen wollen.

»Sturm und Drang« — wohl müßte es reizvoll sein, diese mächtige Bewegung sich in empfindsamer Mädchenseele bewähren zu sehen, aber die Briefe Gustchens, die uns solchen Anblick bieten könnten, sind den Flammen zum Opfer gefallen, denen Goethe 1797 die Dokumente aller seiner persönlichen Beziehungen überantwortet hat. Dafür zeigen uns seine eigenen Antworten vom Jahre 1775 das Schauspiel der jungen Zeit in seiner erhabensten Gestalt. Wie machtvoll weht uns aus diesen Zeilen, die mit strudelnder Feder »hingewühlt« sind, der feurige Atem des Dichtergenius entgegen, der das Mysterium der Welt und des eigenen Herzens zu lösen ringt, der die Wirrsale des Daseins, das Wonne und Schmerz zugleich ist, in künstlerischen Formen zu bändigen strebt! Wie wechselt in diesem klopfenden Busen, der Himmel und Hölle nebeneinander umschließt, die Flut der tiefsten Empfindung; aus lichter Klarheit und Götternähe ins Dunkel der Erdennot hinabgestürzt, auftauchend aus Kleinmut und Verzweiflung zu hoffnungfreudiger Zuversicht auf die eingeborene Kraft und das waltende Schicksal, ergreift dieses Gemüt jeden neuen Zustand mit ungestümer Leidenschaft. Dem Überschwang des Gefühls versagt sich das sonst so gefügige Wort; in bedeutungschwerem Stammeln, halben abgebrochenen Lauten einer erschütterten Vollnatur macht sich der Sturm des Innern Luft. »Ich bin wie ein klein Kind«, ein Kind, das, hingegeben jedem Augenblick, sich in lallenden Tönen überstürzt, um von Leiden und Freuden sich zu entlasten, die das Herz erdrücken möchten. So hatte auch Werther einst gerufen: »O was ich ein Kind bin!« Und wie hier die »Leiden des jungen Werthers«, so klingen andere Dichtungen dieser reichen Epoche an anderen Stellen unserer Briefe an. »Ich will Ihnen keinen Namen geben, denn was sind Namen gegen das unmittelbare Gefühl«, dieses erste Wort Goethes an Gustchen ist wahrhaft wesensverwandt jenem Faustischen Bekenntnis: »Nenn's Glück! Herz! Liebe! Gott! Ich habe keinen Namen Dafür!«

»Faust« steigt auf aus unseren Briefen; unmittelbar in die Werkstatt des Dichters wird uns ein Einblick erlaubt, wenn wir auf die Umschreibung des »Rattenliedes« stoßen. Und neben »Faust« steht »Stella«, das kühne »Schauspiel für Liebende«, herausgeboren aus dem seligschmerzlichen Verhältnis zu Lili Schönemann. Lili — das ist der Gegenstand der Frankfurter Briefe. Wir sehen das unlösbare Geflecht von Qual und Entzücken, in dem sich Goethe verfangen hat. Das blütenjunge Mädchen, vollkommen schön und liebenswürdig, in kindlicher Harmlosigkeit sich des Zaubers erfreuend, der von ihr ausgeht, und wiederum fähig und bereit, dem Geliebten Familie und Heimat aufzuopfern, erhebt ihn mit der Kraft ihrer innigen Neigung zur Höhe überirdischen Glückes, und eine finstere Gewalt zerrt ihn unbarmherzig hinab in den Abgrund innerlicher Verstörtheit: das Grauen vor der Alltäglichkeit, der er sich überliefern soll, die Furcht vor dem platten Nachbar- und Gevatterwesen, der Widerwillen gegen das spießbürgerliche Getriebe, die leere Selbstgefälligkeit eines verrottenden Gemeinwesens. Hin und her gerissen zwischen Liebe und Freiheitssehnen, findet Goethe keinen Standpunkt zu ruhiger Erwägung, sein Groll kehrt sich gegen die Braut, die des unseligen Zwiespaltes unschuldige Ursache ist, er plagt sie mit abweisender Kälte und büßt sein Unrecht in bittern Selbstvorwürfen, er übergibt sich dem Strudel gesellschaftlicher Vergnügungen, um die innere Unruhe zu übertäuben. So geht das herzbeklemmende Schauspiel dem unausweichlichen Ende entgegen: »Lili sieben Worte gesagt«. Mit der grandiosen Unbefangenheit des Genies läßt er seinen Schmerz auf dem heiligsten Vorgang aller Geschichte als auf einem Gleichnis eigenen Erlebens haften: seine Liebe ist es, die er ans Kreuz geheftet hat, die das Haupt senkt und spricht: Es ist vollbracht.

Getreuen Bericht dieser traurig-süßen Bräutigamszeit hat Goethe dem unbekannten Mädchen abgestattet; aber immer aufs neue bricht die Klage durch, daß er das Letzte, Tiefste, Geheimste nur von Mund zu Munde sagen könne. So ist er denn also schon damals der bittern Wahrheit inne geworden, daß aller Seelenkraft zum Trotz die persönliche Gegenwart ganz allein ein wahres Verhältnis zu bestimmen und zu befestigen vermögend sei, und doch bleibt er noch unerschöpflich in der Erfindung von Mitteln, das Getrennte wirksam zu vereinigen. Von Tag um Tag, von Stunde um Stunde gibt er Rechenschaft, um sich über alle Fernen hinweg ganz darzustellen; er bittet: »Schreiben Sie doch auch immer die Daten«, weil er die lange Zeit hinwegtilgen zu können hofft, die Gustchens Briefe haben reisen müssen, er borgt Hilfe von seiner Zeichenkunst und gibt der Freundin ein Bild seiner Stube — jener Stube, die seine Seufzer um Lili gehört, seinen »Faust«, seine »Stella« hat entstehen sehen. Aber »Sturm und Drang« legt sich zur Ruhe, Goethe reift fester Männlichkeit entgegen, die nur in unmittelbarer Gegenständlichkeit wesen und wirken mag, und in demselben Maße, wie ihm volle Realität alles Seins zur Lebensbedingung wird, welkt das hastig emporgetriebene Verhältnis zu Gustchen Stolberg ab.

Die einzige Gelegenheit, die sich ihm geboten hat, die Vertraute seiner Frankfurter Leiden persönlich kennen zu lernen, hat Goethe versäumt, als er im Dezember 1775 ihre Brüder, entgegen dem ursprünglichen Plane, allein von Weimar abreisen ließ. Der herzogliche Freund hielt ihn damals fest, und sie, die nun auf länger denn ein Jahrzehnt seines heißen Verlangens unerreichbarer Pol sein sollte, Charlotte v. Stein. Nur selten wird Charlottens Name genannt in den Briefen, die Gustchen noch aus Weimar erhalten hat, der Einfluß ihres stetig-milden Wesens ist jedoch nicht zu verkennen. Wie viel ruhiger der Ton, wie viel gleichmäßiger Bericht und Erzählung, wie viel gedämpfter der Ausdruck neuen Leides, dessen Ursache im Dunkel bleibt! Die zahlreichen Gedankenstriche, die, wie Erdrisse einen heißen Boden zerklüften, die fiebernden Frankfurter Briefe durchsetzten, kommen seltener und seltener aus ruhig fortlaufender Feder. Wie erfrischender Frühwind eines herrlichen Sommermorgens weht es heran, wie ein Wipfelgruß aus dem geliebten Garten am Park. Alle seine früheren Geliebten habe sie beerbt, hat Goethe der teuern Frau gestanden; sie ist auch in Gustchen Stolbergs Besitzrecht eingetreten, als verstehende Frauenseele die Beichten eines umgetriebenen Dichterherzens entgegenzunehmen. Hier war die lebendige Hand, die sich kühlend auf die erhitzte Stirne legen konnte, Fülle der Wirklichkeit, Kraft der Gegenwart — da mußte Gustchens Bild zu leerem Schemen verblassen.

Und noch einmal, nach einem Menschenalter voll wechselnden Schicksals, ist Gustchen ungerufen vor den Stummgewordenen hingetreten, um in eindringlichem Bekehrungsversuch zu erweisen, wie nahe ihrem liebevollen Herzen der Freund der Jugend geblieben sei. Kein Mephistopheles begrinse das Vertrauen dieser guten Seele, die, ihres Glaubens voll, sich heilig quält, ihn, der ihr einst so viel von seinem tiefsten Selbst geschenkt, verloren halten zu sollen! Goethes Antwort, ernst und würdig, ist das erhabenste Bekenntnis seiner reinen Weltfrömmigkeit. Mehr als einmal ist er das Ziel eifriger Christianisierungslust gewesen, die er dann wohl mit derbem Spott in ihre Schranken zurückverwiesen hat — was ist's, das ihn gutmeinender Anmaßung hier mit Milde und verzeihendem Verständnis begegnen heißt? Ist es der beredt-herzliche Ton der unerbetenen Mahnung? das Andenken längst versunkener Zeit? der gesellschaftliche Rang der Gräfin? Alles das mag zusammengewirkt haben, aber ein Entscheidendes kommt hinzu: die letzte Liebe ist's, die wie der volle Glockenton einer weltentrückten Bergeskirche vernehmbar wird. Was ihn Ulrike v. Levetzow empfinden gelehrt hatte, die liebliche Jungfrau, der er im Sommer 1821 entgegengetreten war, das hat Goethe, wenige Monate nach dem Briefe an Gustchen, offenbart:

Dem Frieden Gottes, welcher euch hienieden

Mehr als Vernunft beseliget — wir lesen's —

Vergleich ich wohl der Liebe heitern Frieden

In Gegenwart des allgeliebten Wesens.

Der Friede Gottes, dem frommen Gemüt eines Kindes entflossen, er ist es, der Goethes letzten Brief an Gustchen Stolberg durchzieht; die reine Seele, die nur darum in Goethes Leben eingetreten zu sein scheint, um wie ein Spiegel das Bild seines Liebens aufzunehmen, sie hat nun ihre Sendung ganz erfüllt, da auch Ulrikens ätherischer Geist leise an ihr vorübergeglitten ist.

Eine zierliche Greisin, das feine Gesicht von kurzgeschnittenen silberweißen Haaren umrahmt, hat Gustchen im Kreise liebender Enkel ihren Lebensabend verbracht, regsam und anteilnehmend bis ans Ende. Sie ist gestorben in Kiel am 30. Juni 1835.

Max Hecker.

Der erste Brief

Meine Teure — ich will Ihnen keinen Nahmen geben, denn was sind die Nahmen Freundinn Schwester, Geliebte, Braut, Gattin, oder ein Wort das einen Complex von all denen Nahmen begriffe, gegen das unmittelbaare Gefühl, zu dem — ich kann nicht weiter schreiben, Ihr Brief hat mich in einer wunderlichen Stunde gepackt. Adieu, gleich den ersten Augenblick! —

Ich komme doch wieder — ich fühle Sie können ihn tragen diesen zerstückten, stammelnden Ausdruck wenn das Bild des Unendlichen in uns wühlt. Und was ist das als Liebe! — Musste *er* Menschen machen nach seinem Bild, ein Geschlecht das ihm ähnlich sey, was müssen wir fühlen wenn wir Brüder finden, unser Gleichniss, uns selbst verdoppelt.

Und so solls weg, so sollen Sie's haben dieses Blat, obiges schrieb ich wohl vor acht Tagen, unmittelbaar auf den Empfang Ihres Briefs.

Haben Sie Geduld mit mir, bald sollen Sie Antwort haben. Hier indess meine Silhouette, ich bitte um die Ihrige, aber nicht in's kleine, den grosen von der Natur genommenen Riss bitt ich. Adieu ein herzlichstes Adieu. Fr[ank]furt d. 26. Jan. 1775.

Goethe.

Der Brief ist wieder liegen blieben o haben Sie Geduld mit mir. Schreiben Sie mir und in meinen Besten Stunden will ich an Sie dencken. Sie fragen ob ich glücklich bin? Ja meine beste ich bins, und wenn ich's nicht bin, so wohnt wenigstens all das tiefe Gefühl von Freud und Leid in mir. Nichts ausser mir stört, schiert, hindert mich. Aber ich bin wie ein klein Kind weis Gott. Noch einmal Adieu.

Der zweite Brief

Wenn Sie sich, meine liebe, einen Goethe vorstellen können, der im galonirten Rock, sonst von Kopf zu Fuse auch in leidlich konsistenter Galanterie, umleuchtet vom unbedeutenden Prachtglanze der Wandleuchter und Kronenleuchter, mitten unter allerley Leuten, von ein Paar schönen Augen am Spieltische gehalten wird, der in abwechselnder Zerstreuung aus der Gesellschafft, ins Conzert, und von da auf den Ball getrieben wird, und mit allem Interesse des Leichtsinns, einer niedlichen Blondine den Hof macht; so haben Sie den gegenwärtigen Fassnachts Goethe, der Ihnen neulich einige dumpfe tiefe Gefühle vorstolperte, der nicht an Sie schreiben mag, der Sie auch manchmal vergisst, weil er sich in Ihrer Gegenwart ganz unausstehlich fühlt.

Aber nun giebts noch einen, den im grauen Biber-Frack mit dem braunseidnen Halstuch und Stiefeln, der in der streichenden Februarlufft schon den Frühling ahndet, dem nun bald seine liebe weite Welt wieder geöffnet wird, der immer in sich lebend, strebend und arbeitend, bald die unschuldigen Gefühle der Jugend in kleinen Gedichten, das kräfftige Gewürze des Lebens in mancherley Dramas, die Gestalten seiner Freunde und seiner Gegenden und seines geliebten Hausraths mit Kreide auf grauem Papier, nach seiner Maase auszudrücken sucht, weder rechts noch lincks fragt: was von dem gehalten werde was er machte? weil er arbeitend immer gleich eine Stufe höher steigt, weil er nach keinem Ideale springen, sondern seine Gefühle sich zu Fähigkeiten, kämpfend und spielend, entwickeln lassen will. Das ist der, dem Sie nicht aus dem Sinne kommen, der auf einmal am frühen Morgen einen Beruf fühlt Ihnen zu schreiben, dessen gröste Glückseligkeit ist mit den besten Menschen seiner Zeit zu leben.

Hier also meine beste sehr mancherley von meinem Zustande, nun thun Sie dessgleichen und unterhalten mich von dem Ihrigen, so werden wir näher rücken, einander zu schauen glauben — denn das sag ich Ihnen voraus dass ich Sie offt mit viel Kleinigkeit unterhalten werde, wie mirs in Sinn schiesst.

Noch eins was mich glücklich macht, sind die vielen edlen Menschen, die von allerley Enden meines Vaterlands, zwar freylich unter viel unbedeutenden, unerträglichen, in meine Gegend, zu mir kommen, manchmal vorübergehn, manchmal verweilen. Man weiss erst dass man ist wenn man sich in andern wiederfindet.

Ob mir übrigens verrathen worden: wer und wo sie sind, thut nichts zur Sache, wenn ich an Sie dencke fühl ich nichts als Gleichheit, Liebe, Nähe! Und so bleiben Sie mir, wie ich gewiss auch durch alles Schweben und Schwirren, durch unveränderlich bleibe. Recht wohl —! diese Kusshand — Leben Sie recht wohl.

Franckfurt. den 13. Febr. 1775.

Goethe.

Der dritte Brief

Warum soll ich Ihnen nicht schreiben, warum wieder die Feder liegen lassen, nach der ich bisher so offt reichte. Wie immer immer hab ich an Sie gedacht. Und iezzo! — Auf dem Land bey sehr lieben Menschen — in Erwartung — liebe Aug[u]ste — Gott weis ich bin ein armer Junge — d. 28 Febr haben wir getanzt die Fassnacht beschlossen — ich war mit von den ersten im Saale, ging auf und ab, dachte an Sie — und dann — viel Freud und Lieb umgab mich — Morgends da ich nach Hause kam, wollt ich Ihnen schreiben, liess es aber und redete viel mit Ihnen — Was soll ich Ihnen sagen, da ich Ihnen meinen gegenwärtigen Zustand nicht ganz sagen kann, da Sie mich nicht kennen. Liebe! Liebe! Bleiben Sie mir hold — Ich wollt ich könnt auf ihrer Hand ruhen, in Ihrem Aug rasten. Groser Gott was ist das Herz des Menschen! — Gute Nacht. Ich dachte mir sollts unterm Schreiben besser werden — Umsonst mein Kopf ist überspannt. Ade. Heut ist der 6. März denck ich. Schreiben Sie doch auch immer die Daten in solcher Entfernung ist das viel Freud.

Guten Morgen liebe. Die Zimmerleute, die dadrüben einen Bau aufschlagen, haben mich aufgewegt, und ich habe keine Rast im Bette. Ich will an meine Schwester schreiben, und dann mit Ihnen noch ein Wort.

Es ist Nacht, ich wollte noch in Garten, musste aber unter der Thüre stehen bleiben, es regnet sehr. Viel hab ich an Sie gedacht! Gedacht dass ich für Ihre Silhouette noch nicht gedanckt habe! Wie offt hab ich schon dafür gedanckt, wie ist mein und meines Bruder Lavaters Phisiognomischer Glaube wieder bestätigt. Diese rein sinnende Stirn diese süsse Festigkeit der Nase, diese liebe Lippe dieses gewisse Kinn, der Adel des ganzen dancke meine Liebe dancke. — Heut war der Tag wunderbaar. Habe gezeichnet — eine Scene geschrieben. O wenn ich iezt nicht Dramas schriebe ich ging zu Grund. Bald schick ich Ihnen eins geschrieben — Könnt ich gegen Ihnen über sizzen, und es selbst in Ihr Herz würcken, — Liebe nur dass es Ihnen nicht aus Händen kommt. Ich mag das nicht drucken lassen denn ich will, wenn Gott will künftig meine Freu[den] und Kinder, in ein Eckelgen begraben oder etabliren, ohne es dem Publiko auf die Nase zu hängen. Ich bin das ausgraben, und seziren meines armen Werthers so satt. Wo ich in eine Stube trete find ich das Berliner ppp Hundezeug, der eine schilt drauf, der andre lobts, der dritte sagt es geht doch an, und so hezt mich einer wie der andre — Nun denn Sie nehmen mir auch das nicht übel — Nimmt mirs doch nichts an meinem innern Ganzen, rührt und rückts mich doch nicht in meinen Arbeiten, die immer nur die aufbewahrten Freuden und Leiden meines Lebens sind — denn ob ich gleich finde dass es viel raisonnabler sey Hünerblut zu vergiessen als sein eignes — die Kinder tollen über mir, es ist mir besser ich geh hinauf als zu tief in Text zu gerathen.

Ich hab das ältste Mädgen lassen anderthalb Seiten im Paradiesgärtlein herab buchstabieren, mir ist ganz wohl, und so gesegnete Mahlzeit. Ade! — Warum sag ich dir nicht alles — Beste — Geduld Geduld hab mit mir!

den 10ten, wieder in der Stadt auf meiner Bergere, aufm Knie schreib ich Ihnen. Liebe der Brief soll heute fort, und nur sag ich Ihnen noch dass mein Kopf ziemlich heiter mein Herz leidlich frey ist — Was sag ich —! o beste wie wollen wir Ausdrücke finden für das was wir fühlen! Beste wie können wir einander was von unserm Zustande melden, da der von Stund zu Stund wechselt.

Ich hoffe auf einen Brief von Ihnen, und die Hoffnung lässt nicht zu schanden werden.

Geseegnet der gute Trieb der mir eingab statt allen weitern Schreibens, Ihnen meine Stube, wie sie da vor mir steht, zu zeichnen. Adieu. Halten Sie einen armen iungen am Herzen. Geb Ihnen der gute Vater im Himmel viel muthige frohe Stunden wie ich deren offt hab, und dann lass die Dämmrung kommen, tränenvoll und seelig — Amen

Ade liebe Ade!

Goethe.

Der vierte Brief

Mir ist's wieder eine Zeit her für Wohl u. Weh, dass ich nicht weis ob ich auf der Welt bin, und da ist mir's doch als wär ich im Himmel. Dies liebe Schwester den 19. Merz Nachts um eilfe. Gute Nacht!

Den 23. Abends bald sieben. Ich komme von meiner Mutter herauf, noch einige Worte dir o du liebe. Heut nach Tisch kam dein Brief, eben da ich beym Braten gemurrt hatte, dass so lang keiner kam. Ich dancke dir tausendmal. um 2 Uhr musst ich zu einem verdrüslichen Geschäfft, da ging ich unter allerley Leuten herum und dacht an dich und schrieb mit Bleystifft beigehendes Zettelgen. So recht! Tritt u. Schritt muss ich wissen von meinen lieben, denn ich bilde mir ein dass euch von mir das all auch so werth ist; also dancke dancke für die Schildrung dein und deines Lebens, wie wahr, wie voraus von mir gefühlt! — O könnt ich auch! — — Behalt mich lieb —

Jetzt bitt ich noch um die Silhouetten all deiner lieben, deines Ehlers der mir verzeihen soll dass ich ihm nicht schreibe, ich habe warrlich nimmer nichts zu sagen, nur ihr Mädgen kriegt mich doch wieder dran. Dann die Schattenrisse deiner Brüder von denen ich auch Briefe habe, meiner Brüder, und deiner innigen Freundin. NB. alle wie sie auf der Wand gezeichnet worden ohn ausgeschnitten.

Jetzt gute Nacht und weg mit dem Fieber! — doch wenn du leidest, schreib mir — ich will alles theilen — o dann lass mich auch nicht stecken edle Seele zur Zeit der Trübsaal, die kommen könnte, wo ich dich flöhe und alle Lieben! Verfolge mich ich bitte dich, verfolge mich mit deinen Briefen dann, und rette mich von mir selbst.

Auf beyliegendem Blättgen ist abgeschrieben das Bleystifft Zettelgen wovon ich vorhin sprach. Liebe! liebe! und so leb wohl. d. 25. Merz 1775.

Nicht doch du musst das Original haben! — Was wär' ein Kuss in Copia! —

Der fünfte Brief

Hier Beste, ein Liedgen von mir darauf ich hab eine Melodie von Gretri umbilden lassen! Ach Gott Ihre Brüder kommen, unsre Brüder, zu mir! — Liebe Schwester, das liebe Ding, das sie Gott heissen, oder wie's heisst, sorgt doch sehr für mich. Ich bin in wunderbaarer Spannung, und es wird mir so wohl thun sie zu haben.

Ihren Schattenriss kriegen Sie, ich muss aber einen neuen von Ihnen haben, *gros.*

Thun Sie doch einen Blick in den zweiten Band der Iris wenn Ihnen der aufstöst, es sind allerley [Lieder] von mir drinn.

Ich halte mich offt in Gedancken an Sie.

Wenn ich wieder munter werde sollen Sie auch Ihr Theil davon haben, lassen Sie nur meine Briefe sich nicht fatal werden, wie ich mir selbst bin da ich schreibe. Ich meyne alle Falten des Gesichts drückten sich drinn ab.

Den 15. Apr.

Ade! Ade! Beste.

Wie erwart ich unsre Brüder! Welch ein lieber Brief von Euch dreyen! Hier die Schattenrisse. Sie sind nicht alle gleichgut, doch alle mit fühlender Hand geschnitten. Diesmal kein Wort weiter. Behalten Sie mich am Herzen! d. 26. Apr. 1775.

G.

Der sechste Brief

Den 25. Jul. 75.

Ich will Ihnen schreiben Gustgen liebe Schwester, ob ich gleich, wäre ich iezt bey Ihnen schwerlich reden würde. Ich muss anfangen! Wie weit ists nun von mir zu Ihnen. Gut denn, wir werden uns doch sehn.

Bin wieder in Franckfurt, habe mich von unsern Brüdern in Zürch getrennt, schweer ward's uns doch. — Das denck ich, wird Gustgen sagen. — Friz, meine Liebe, ist nun im Wolckenbade und der gute Geist der um uns alle schwebt, wird ihm gelinden Balsam in die Seele giessen. Ich litt mit ihm und durft nicht dergleichen thun. Ich bitte Sie — wenigstens lassen Sie mich iezt nichts davon sagen — und wer kann davon sagen — Ich war dabey wie die lezte Nachricht kam. Es war in Strasburg. Gute Nacht Schwester Engel. Einen herzlichen Grus der Gräfin Bernsdorf.

Den 31. Jul. Wenn mirs so recht weh ist, kehr ich mich nach Norden, wo sie dahinten ist zweyhundert Meil[en] von mir meine geliebte Schwester. Gestern Abend Engel hatt' ich viel Sehnen zu ihren Füssen zu liegen, ihre Hände zu halten, und schlief drüber ein, und heute früh ist[s] wieder frisch mit dem Morgen. Beste theilnehmende Seele, immer den Himmel im Herzen und nur unglücklich durch die Deinigen! — Aber wie du auch geliebt wirst!

Ich muss noch viel herumgetrieben werden, und dann einen Augenblick an Ihrem Herzen! — Das ist immer so mein Traum, meine Aussicht durch viel Leiden. — Ich habe mich so offt am Weiblichen Geschlecht betrogen — O Gustgen wenn ich nur einen Blick in Ihr Aug thun könnte! — Ich will schweigen — Hören Sie nicht auf, auch für mich zu seyn. Ade.

Hier Gustgen ein altes verlohrnes Zettelgen das ich wiederfinde.

Der siebente Brief

Gustgen! Gustgen! Ein Wort dass mir das Herz frey werde, nur einen Händedruck. Ich kann Ihnen nichts sagen. Hier! — Wie soll ich Ihnen nennen das *hier*! Vor dem Stroheingelegten bunten Schreibzeug — da sollten feine Briefgen ausgeschrieben werden und diese Trähnen und dieser Drang! Welche Verstimmung. O dass ich Alles sagen könnte. Hier in dem Zimmer des Mädgens das mich unglücklich macht, ohne ihre Schuld, mit der Seele eines Engels, dessen heitre Tage *ich* trübe, **ich!** Gustgen! Ich nehme vor einer Viertelstunde Ihren Brief aus der Tasche, ich les ihn! — Vom 2 Jun! und sie *bitten*, *bitten*, um Antwort, um ein Wort aus meinem Herzen. Und heut der 3 Aug. Gustgen und ich habe noch nicht geschrieben. — Ich habe geschrieben, der Brief liegt in der Stadt angefangen. O mein Herz — Soll ich's denn anzapfen, auch dir Gustgen, von dem Hefetrüben Wein schencken! — Und wie kann ich von Frizzen reden, vor dir, da ich in seinem Unglück, gar offt das meine beweint habe. Lass Gustgen. Ihm ist wohler wie mir — Vergebens dass ich drey Monate, in freyer Lufft herumfuhr, tausend neue Gegenstände in alle Sinnen sog. Engel, und ich sizze wieder in Offenbach, so vereinfacht wie ein Kind, so beschränckt als ein Papagey auf der Stange, Gustgen und sie so weit. Ich habe mich so offt nach Norden gewandt, Nachts auf der Terrasse am Mayn, ich seh hinüber, und denck an dich! So weit! So weit! — Und dann du und Friz, und ich! und alles wirrt sich in einen Schlangenknoten! Und ich finde nicht Lufft zu schreiben. — Aber iezt will ich nicht aufhören biss iemand an die Thüre kommt und mich wegrufft. — Und doch Engel manchmal wenn die Noth in meinem Herzen der grösst ist, ruf ich aus, ruf ich dir zu: Getrost! Getrost! Ausgeduldet und es wird werden. Du wirst Freude an deinen Brüdern haben, und wir an uns selbst. Diese Leidenschafft ists die uns aufblasen wird zum Brand, in dieser Noth werden wir um uns greifen, und brav seyn, und handeln, und gut seyn, und getrieben werden, dahin wo Ruhe Sinn nicht reicht. — Leide nicht vor uns! — Duld uns! — Gieb uns eine Trähne, einen Händedruck, einen Augenblick an deinen Knieen. Wische mit deiner Lieben Hand diese Stirn ab. Und ein Krafftwort, und wir sind auf unsern Füssen.

Hundertmal wechselts mit mir den Tag! O wie war mir so wohl mit deinen Brüdern. Ich schien gelassen, mir war's weh für Frizzen der elender war als ich, und mein Leiden war leidlicher. Jezt wieder allein. —

In ihnen hatte ich *sie* bestes Gustgen, denn ihr seyd eins in Liebe und Wesen. Gustgen war bey uns und wir bey ihr! — Jezt — nur ihre Briefe! — Ihre Briefe! — und *Nur* dazu — Und doch brennen sie mich in der Tasche — doch fassen sie mich wie die Gegenwart wenn ich sie in Glücklichem Augenblick aufschlage — aber manchmal — offt sind mir selbst die Züge der liebsten Freundschafft todte Buchstaben, wenn mein Herz blind ist und taub — Engel es ist ein Schröcklicher Zustand die Sinnlosigkeit. In der Nacht tappen ist Himmel gegen Blindheit — Verzeihen Sie mir denn diese Verworrenheit und das all — Wie wohl ist mir's dass ich so mit Ihnen reden kann, wie wohl bey dem Gedancken, Sie wird dies Blat in der Hand halten! *Sie! Dies Blat!* das ich berühre das iezt hier auf dieser Stäte noch weis ist. Goldnes Kind. Ich kann doch nie ganz unglücklich seyn.

Jezt noch einige Worte — Lang halt ich's hier nicht aus ich muss wieder fort — Wohin! —

— —

— Ich mache Ihnen Striche denn ich sas eine Viertelstunde in Gedancken und mein Geist flog auf dem ganzen bewohnten Erdboden herum. Unseeliges Schicksaal das mir keinen Mittelzustand erlauben will. Entweder auf einem Punckt, fassend, festklammernd, oder schweifen gegen alle vier Winde! — Seelig seyd ihr verklärte Spaziergänger, die mit zufriedner Anständiger Vollendung ieden Abend den Staub von ihren Schuhen schlagen, und ihres Tagwercks Göttergleich sich freuen — — —

Hier fliest der Mayn, grad drüben liegt *Bergen* auf einem Hügel hinter Kornfeld. Von der Schlacht bey Bergen haben Sie wohl gehört. Da lincks unten liegt das graue Franckfurt mit dem ungeschickten Turn, das iezt für mich so leer ist als mit Besemen gekehrt, da rechts auf artige Dörfgen, der Garten da unten, die Terasse auf den Mayn hinunter. — Und auf dem Tisch hier ein Schnupftuch, ein Pannier ein Halstuch drüber, dort hängen des lieben Mädgens Stiefel. NB. Heut reiten wir aus. Hier liegt ein Kleid eine Uhr hängt da, viel Schachteln, und Pappedeckel, zu Hauben und Hüten — Ich hör ihre Stimme — — Ich darf bleiben, sie will sich drinne anziehen. — Gut Gustgen ich hab ihnen beschrieben wie's um mich herum aussieht, um die Geister durch den sinnlichen Blick zu vertreiben — — Lili war verwundert mich da zu finden, man hatte mich vermisst. Sie fragte an wen ich schriebe. Ich sagts ihr. Adieu Gustgen. Grüssen Sie die Gräfin Bernsdorf Schreiben Sie mir. Die Silhouette werden ihnen die Brüder geschickt haben Lavater hat die vier Heumans Kinder sehr glücklich stechen lassen.

Der unruhige //

Lassen Sie um Gottes willen meine Briefe niemand sehn.

Der achte Brief

Ja lieb Gustgen gleich fang ich an d. 14. Sept. im Moment da ich ihren Brief endige, sehen Sie wie hoch und klein, wie viel ich zu schreiben dencke. Heut bin ich ruhig, da liegt zwar meist eine Schlang im Grase. Hören Sie, ich hab immer eine Ahndung, sie werden mich retten, aus tiefer Noth, kanns auch kein Weiblich Geschöpf als Sie. Dancke zuerst für Ihre lebendige Beschreibung alles was Sie umgiebt, hätt ich nur iezt noch einen Schattenriss von Ihrer ganzen Figur! Könnt ich kommen. Neulich reisst ich zu Ihnen! Durchzog in trauriger Gestalt Deutschland, sah mich weder rechts noch lincks um, nach Coppenhagen, und kam und trat in ihr Zimmer, und fiel mit Trähnen zu ihren Füssen, und rief Gustgen bist dus! — Es war eine seelige Stunde, da mir das lebendig im Kopf und Herzen war. Was Sie von Lili sagen ist ganz wahr. Unglücklicher Weise macht der Abstand von mir das Band nur fester das mich an sie zaubert. Ich kann ich darf Ihnen nicht alles sagen. Es geht mir zu nah ich mag keine Erinnerungen. Engel! Ihr Brief hat mir wieder in die Ohren geklungen wie die Trompte dem eingeschlafnen Krieger. Wolte Gott Ihre Augen würden mir Ubalds Schild, und liessen mich tief mein unwürdiges Elend erkennen, und — Ja Gustgen wir wollen das lassen — über des Menschen Herz lässt sich nichts sagen, als mit dem Feuerblick des Moments. Nun soll ich zu Tische

Nach Tische. Dein Gut Wort würckte in mir, da sprachs auf einmal in mir, sollts nicht übermäsiger Stolz seyn zu verlangen, dass dich ganz das Mädgen erkennte und so erkennend liebte, erkenn ich sie vielleicht auch nicht, und da sie anders ist wie ich, ist sie nicht vielleicht besser. — Gustgen! — Lass mein Schweigen dir sagen, was keine Worte sagen können.

Gute Nacht Gustgen! Heut einen guten Nachmittag, der selten ist — mit Grosen, das noch seltner ist — Ich konnte zwey Fürstinnen in Einem Zimmer lieb und werth haben. Gute Nacht. Will dir so ein Tagbuch schreiben, ist das beste. Thu mir's auch so ich hasse die Briefe und die Erörterungen und die Meynungen. Gute Nacht! So! — ich sehe zurück, schon dreymal, ists doch als wenn ich verliebt in dich wäre! und den Hut immer nähme und wieder niederlegte. Wie wollt ich du könntest nur acht Tage mein Herz an deinem, meinen Blick in deinem fühlen. Bey Gott was hier vorgeht ist unaussprechlich fein und schnell und nur dir vernehmbar.

Gute Nacht.

d. 15. Guten Morgen. Ich hab eine gute Nacht gehabt. Und bin iezt recht wie ein Mädgen. Sie rathen nicht was mich beschäfftigt, eine Maske, auf kommenden Dienstag wo wir Ball haben.

Nach Tisch! — Ich komme geschwind gelaufen, dir zu sagen was mir drüben in der andern Stube durch den Kopf fuhr: Es hat mich doch kein Weiblich Geschöpf so lieb wie Gustgen.

Und meine Masque wird eine altdeutsche Tracht, schwarz und Gelb, Pumphose, Wämslein, Mantel und Federstuzhut. Ach wie danck ich Gott dass er mir diese Puppe auf die paar Tage gegeben hat, wenns so lang währt.

halb viere. In Brunnen gefallen wie ichs ahndete. Meine Masque wird nicht gemacht. Lili kommt nicht auf den Bal. Aber dürft ich, könnt ich alles sagen! — Ich thats sie zu *ehren* weil ich deklarirt für sie bin, und eines Mädgens Herz pp. — Also Gustgen! — Ich thats auch halb aus Truz, weil wir nicht sonderlich stehn die acht Tage her. Und nun! — Sieh Gustgen! so kanns allein werden wenn ich dir so von Moment zu Moment schreibe. — — halb 5. ich wollt ich könnt mich dir darstellen wie ich bin, du solltest doch dein Wunder sehn. Gott! so in dem ewigen Wechsel, immer eben derselbe.

d. 16ten. Heut Nacht neckten mich halb fatale Träume. Heut früh beym Erwachen klangen sie nach. Doch wie ich die Sonne sah sprang ich mit beyden Füssen aus dem Bette, lief in der Stube auf und ab, bat mein Herz so freundlich freundlich, und mir wards leicht, und eine Zusicherung ward mir dass ich gerettet werden, dass noch was aus mir werden sollte: Gutes muths denn Gustgen. Wir wollen einander nicht auf's ewige Leben vertrösten! Hier noch müssen wir glücklich seyn, hier noch muss ich Gustgen sehn, das einzige Mädgen deren Herz ganz in meinem Busen schlägt. — Nach Mittage halb vier. Offen und gut der Morgen, ich that was, Lili eine kleine Freude zu machen, hatte Fremde. Trieb mich nach Tische spasend närrisch unter Bekannten und Unbekannten herum. Gehe iezt nach Offenbach, um Lili heute Abend nicht in der Comödie morgen nicht im Conzert zu sehen. Ich stecke das Blat ein und schreibe draus fort.

Offenbach! Abends sieben. In einem Kreise von Menschen die mich recht lieb haben, offt mit mir leiden! Es ist nun so! ich sizze wieder an dem Schreibtischgen von dem ich Ihnen schrieb eh ich in die Schweiz ging. Lieb Gustgen — da ist ein iunges Paar in der Stube das erst seit acht Tagen verheurathet ist! eine iunge Frau liegt auf dem Bette die der angenehmsten Hoffnung eines lieben Kindes entgegen schmerzet. Ade für heute. Es ist Nacht und der Mayn blinckt noch aus den dunckle n Ufern.

Offenbach. Sonntag d. 17ten Nachts zehen. — Ist der Tag leidlich u. stumpf herumgegangen, da ich aufstund war mirs gut, ich machte eine Scene an meinem Faust. Vergängelte ein paar Stunden. Verliebelte ein paar mit einem Mädgen davon dir die Brüder erzählen mögen, das ein seltsames Geschöpf ist. Ass in einer Gesellschafft ein Duzzend guter Jungens, so grad wie sie Gott erschaffen hat. Fuhr auf dem Wasser selbst auf und nieder, ich hab die Grille selbst fahren zu lernen. Spielte ein Paar Stunden Pharao und verträumte ein Paar mit guten Menschen. Und nun sizz ich dir gute Nacht zu sagen. Mir wars in all dem wie einer Ratte die Gift gefressen hat, sie läuft in alle Löcher, schlurpft alle Feuchtigkeit, verschlingt alles Essbaare das ihr in Weeg kommt und ihr innerstes glüht von unauslöschlich verderblichem Feuer. Heut vor acht Tagen war Lili hier. Und in dieser Stunde war ich in der grausamst feyerlichst süsesten Lage meines ganzen Lebens |: mögt ich sagen :| O Gustgen warum kann ich nichts davon sagen! Warum! Wie ich durch die glühendsten Trähnen der Liebe, Mond und Welt schaute und mich alles seelenvoll umgab. Und in der Ferne die Waldhorn, und der Hochzeit Gäste laute Freuden. Gustgen auch seit dem Wetter bin ich — nicht ruhig aber still — was bey mir still heisst und fürchte nur wieder ein Gewitter das sich immer in den harmlosesten Tagen zusammenzieht, und — Gute Nacht Engel. Einzigstes Einzigstes Mädgen — und ich kenne ihrer Viele — — —

Montag d. 18. Mein Schiffgen steht bereit, ich werds gleich hinunter lencken. Ein herrlicher Morgen, der Nebel ist gefallen alles frisch und herrlich umher! — Und ich wieder in die Stadt, wieder ans Sieb der Danaiden! Ade! — Ich hab einen offnen frischen Morgen! O Gustgen! Wird mein Herz endlich einmal in ergreifendem wahren Genuss und Leiden, die Seeligkeit die Menschen gegönnt ward, empfinden, und nicht immer auf den Wogen der Einbildungskrafft und überspannten Sinnlichkeit, Himmel auf und Höllen ab getrieben werden. Beste ich bitte dich schreib mir auch so ein Tagbuch. Das ist das einzige was die ewige Ferne bezwingt. — — — — —

Montag Nacht halb zwölf. Franckf. an meinem Tisch. komme noch dir gute Nacht zu sagen. Hab getrieben und geschwärmt biss iezt. Morgen gehts noch ärger. O Liebste. Was ist das Leben des Menschen. Und doch wieder die vielen Guten die sich zu mir sammeln! — das viele Liebe das mich umgiebt — — —

Lili heut nach Tisch gesehn — in der Comödie gesehn. Hab kein Wort mit ihr zu reden gehabt — auch nichts geredt! — Wär ich das los. O Gustgen — und doch zittr' ich vor dem Augenblick da sie mir gleichgültig, ich hofnungslos werden könnte. — Aber ich bleib meinem Herzen treu, und lass es gehn — Es wird —

Dienstag sieben Morgens. — Im Schwarm! Gustgen! ich lasse mich treiben, und halte nur das Steuer, dass ich nicht strande. Doch bin ich gestrandet ich kann von dem Mädgen nicht ab — heut früh regt sich s wieder zu ihrem Vortheil in meinem Herzen. — Eine grose schwere Lecktion! — Ich geh doch auf den Ball einem süsen Geschöpfe zu lieb, aber nur im leichten Domino, wenn ich noch einen kriege. Lili geht nicht.

Nach Tische halb vier. Geht das immer so fort, zwischen kleinen Geschäfften durch immer Müssiggang getrieben, nach Dominos und Lappen waare. Hab ich doch mancherley noch zu sagen. Adieu. ich bin ein Armer verirrter verlohrner — — Nachts Achte, aus der Commödie und nun die Toilette zum Ball! O Gustgen wenn ich das Blat zurücksehe! Welch ein Leben. Soll ich fortfahren? oder mit diesem auf ewig endigen. Und doch Liebste, wenn ich wieder so fühle dass mitten in all dem Nichts, sich doch wieder so viel Häute von meinem Herzen lösen, so die convulsiven Spannungen meiner kleinen närrischen Composition nachlassen, mein Blick heitrer über Welt, mein Umgang mit den Menschen sichrer, fester, weiter wird, und doch mein innerstes immer ewig allein der heiligen Liebe gewiedmet bleibt, die nach und nach das Fremde durch den Geist der reinheit der sie selbst ist ausstöst und so endlich lauter werden wird wie gesponnen Gold. — Da lass ich's denn so gehn — Betrüge mich vielleicht selbst. — Und dancke Gott. Gute Nacht. Addio. — Amen: 1775.

Der neunte Brief

Wieder angefangen Mittwoch den 20. ob zum Zerreissen oder wie! Genug ich fange an. Auf dem Ball bis sechs heut früh, nur zwey Menuets getanzt, Gesellschafft gehalten einem süsen Mädgen, die einen Husten hatte — Wenn ich dir mein gegenwärtig Verhältniss zu mehr recht lieben und edlen weiblichen Seelen sagen könnte! wenn ich dir lebhafft! — Nein wenn ich s könnte ich dürfts nicht, du hieltests nicht aus. Ich auch nicht, wenn alles auf einmal stürmte. und wenn Natur nicht in ihrer täglichen Einrichtung uns einige Körner Vergessenheit schlucken lies. Jezt ist's bald achte Nachts. Hab geschlafen bis 1. gegessen, etwas besorgt, mich angezogen, den Prinzen von Meinungen mich dargestellt, ums Thor gangen, in die Comödie. Lili sieben Worte gesagt. Und nun hier. Addio.

Donnerst. den 21. Ich habe mir in Kopf gesezt mich heut wohl anzuziehen. Ich erwarte einen neuen Rock vom Schneider den ich mir hab in Lion sticken lassen, grau mit blauer Bordüre, mit mehr Ungedult als die Bekandtschafft eines Manns von Geist der sich auf eben die Stunde bey mir melden lies. Schon ist was missglückt. Mein Perückenm. hat eine Stunde an mir frisirt und wie er fort war riss ich's ein, und schickte nach einem andern, auf den ich auch passe. — — —

Samstag den 23. Es hat tolles Zeug gesezt. Ich hab nicht zum schreiben kommen können. Gestern lauter Altessen. Heut hab ich einen Husten. Ade.

Sonntag den 8. Oct. Bisher eine grose Pause ich in wunderbaaren Kälten und Wärmen. Bald noch eine grössere Pause. Ich erwarte den Herzog v. Weimar der von Karlsruhe mit seiner herrlichen neuen Gemahlinn Louisen von Darmstadt kommt. Ich geh mit ihm nach Weimar. Deine Brüder kommen auch hin, und von da schreib ich gewiss liebste Schwester. Mein Herz ist übel dran. Es ist auch Herbstwetter drinn, nicht warm nicht kalt. Wann kommst Du nach Hamburg?

Weimar den 22. Nov.

Ich erwarte deine Brüder, o Gustgen! was ist die Zeit alles mit mir vorgangen. Schon fast vierzehn Tage hier, im Treiben und Weben des Hofs. Adieu bald mehr. Vereint mit unsern Brüdern! Dies Blättel sollst indess haben.

G.

Der zehnte Brief

Könntest du mein Schweigen verstehen! Liebstes Gustgen! — Ich kann, ich kann nichts sagen!

Weimar d. 11. Febr. 76.

G.

Der elfte Brief

Kranck Gustgen! dem Todte nah! Gerettet liebster Engel, und das mir alles auf einmal — zu einer Zeit wo ich immer dachte warum schreibt Gustgen nicht? Ist sie nicht mehr wie sonst, hat ihr Stella nicht gezeugt dass ich ihr Alter bin, obschon ich nicht schreibe, denn wie ich iezt lebe — Ach Engel es ist Lästrung wenn ich mit dir rede! ich will lieber gar nicht beten als mit fremden Gedancken gemischt — Auch dies schreib ich in des Herzogs Zimmer den ich fast nicht verlasse. Mein Herz mein Kopf — ich weis nicht wo ich anfangen soll so tausendfach sind meine Verhältnisse und neu, und wechselnd aber gut — Gustgen nur Eine Zeile von deiner Hand, nur Ein Wort dass du auch *mir* wieder lebst. Adieu Liebe! Liebe. Mittwoch nach Ostern 76.

G.

Der zwölfte Brief

Ach Gustgen! Welcher Anblick! so viel von deiner Hand! — der ersehnten erflehten — noch heut Abend! — du Liebe nur dies! eh ich anfange zu lesen.

Und da ich gelesen habe eine solche gute Nacht wie sie der Himmel der Erde bietet! — Engel — Ja Gustgen Morgen fang ich dir ein Journal an! — das ist alles was ich thun kann — denn *der Dir nicht schrieb bisher* ist immer derselbe.

Nachts eilf den 16. May 76.

G.

Der dreizehnte Brief

d. 17. May. Morgens 8. Guten Morgen Gustgen. Nichts als dies zur Grundlage eines Tagbuchs für dich. Ach du nimmst an dem unsteten Menschen noch Theil, der seit er dir nichts von sich schrieb, seltsame Schicksaale gehabt hat. Ich fühle dass ich Dir nicht alles sagen kann drum mag ich nichts sagen. Adieu! —

In meinem Garten Gustgen gegen 10. Hab ein liebes Gärtgen vorm Thore an der Ilm schönen Wiesen in einem Thale. ist ein altes Häusgen drinne, das ich mir repariren lasse. Alles blüht alle Vögel singen. Gustgen und Du bist kranck! — d. 18. May. Gestern konnt ich dir nichts mehr sagen. Der Husarn Rittmeister kam in meinen Garten, ich ritt um eilf nach dem Lustschloss Belvedere wo ich hinten im Garten eine Einsiedeley anlege, allerley Pläzgen drinn für arme Krancke und bekümmerte Herzen. Ich ass mit dem Herzog, nach Tisch ging ich zur Frau v. Stein einem Engel von einem Weibe, frag die Brüder, der ich so offt die Beruhigung meines Herzens und manche der reinsten Glückseeligkeiten zu verdancken habe. der ich noch nichts von dir erzählt habe, das mir viel Gewalt gekostet hat, heut aber will ich's thun will ich tausend Sachen von Gustgen sagen. Wir gingen in meinen Garten spazieren. Ihr Mann, ihre Kinder, ihr Bruder. ein paar Fräul. Ilten. es kamen mehr zu uns wir gingen spazieren, begegneten der Herzoginn Mutter und dem Prinzen, die sich zu uns [gesellten]. Wir waren ganz vergnügt. Ich verlies die Gesellschafft, ging noch einen Augenblick zum Herzog und ass mit Fr. v. Stein zu Nacht. Nun ists wieder schöner heitrer Tag. Soviel iezt. halb 9.

12 Uhr in meinem Garten. Da lass ich mir von den Vögeln was vorsingen, und zeichne Rasenbäncke die ich will anlegen lassen, damit Ruhe über meine Seele komme, und ich wieder von vorne mög anfangen zu tragen und zu leiden. Gustgen könnt ich Dir von meiner Lage sagen! die erwünschteste für mich, die glücklichste, und dann wieder — Ich sagte immer in meiner Jugend zu mir da so viel tausend Empfindungen das schwanckende Ding bestürmten: Was das Schicksal mit mir will, dass es mich durch all die Schulen gehn lässt, es hat gewiss vor mich dahin zu stellen wo mich die gewöhnlichen Qualen der Menschheit gar nicht mehr anfechten müssen. Und iezt noch ich seh alles als Vorbereitung an. Ich hab das ausgestrichen weils dunckel und unbestimmt gesagt war. Nach Tische mehr.

Sonnabends Nachts 10 in meinem Garten. Ich habe meinen Philipp nach Hause geschickt und will allein hier zum erstenmal schlafen. Und so meinen Schlaf einweihen dass ich Dir schreibe. Die Maurer haben gearbeit biss Nacht ich wollt sie aus dem Haus haben, wollte — o ich kann dir nicht ins Detail gehn. Den ganzen Nachmittag war die Herzoginn Mutter da und der Prinz und waren guten lieben Humors, und ich hab denn so herum gehausvatert, wie alles weg war, ein Stück kalten Braten gessen und mit meinem Philipp, |: lass Dir von den Brüdern von ihm erzählen :| von seiner und meiner Welt geschwäzzt, war ruhig und bin's und hoffe gut zu schlaffen zu holdem Erwachen. Gute Nacht beste. — Es geht gegen eilf ich hab noch gesessen und einen englischen Garten gezeichnet. Es ist eine herrliche Empfindung dahausen im Feld allein zu sizzen. Morgen frühe wie schön. Alles ist so still. Ich höre nur meine Uhr tackcken, und den Wind und das Wehr von ferne. gute Nacht. — Sonntag früh d. 19. Guten Morgen! ein trüber aber herrlicher Tag. Ich habe lang geschlafen, wachte aber gegen vier auf, wie schön war das grün dem Auge das sich halbtruncken aufthat. Da schlief ich wieder ein.

Nachts 10. Im Garten versteht sich iezt von selbst. ging um eilf heut früh in die Stadt steckte mich in erbaare Kleider, machte eine Visite, ging zum Herzog, einen Augenblick zur Herzoginn Mutter, wir haben Italiäners hier die uns gute Güsse der Antiken schaffen, dann bey Fr. v. Stein zu Tisch, wir hatten Lust uns zu necken, um vier zu Wieland in Garten wo der Mahler Krause dazu kam. Beyde mit mir in meinen Garten. Sie verliesen mich ich las Guiberts Tacktick, da kam der Herzog und der Prinz mit noch zween Guten Geistern. Wir schwazzten und trieben allerley. Fr. von Stein mit ihrer Mutter kam von Oberweimar herunter spazieren wir begleiteten sie, kehrten um, der Prinz verlies uns auch, ich erzählte dem Herzog eine Geschichte eines meiner Freunde der sich wunderlich durch die Welt schlagen musste, begleitet ihn nach der Stadt, und kam allein zurück. Hier treu mein Tag, lieb Gustgen. Ich hab so viel gedacht! dass ich's doch nur nicht so hinsagen kann.

Montag d. 20. Süsser Morgen. Arbeiter in meinem Garten. Allerley Beschäfftigungen! — — — —

Bey der Herzoginn Mutter gessen. Nach Tische ging alles nach Tiefurt wo der Prinz sich hat ein Pachtgut artig zurecht machen lassen. Die Bauern empfingen ihn mit Musick, Böllern, ländlichen Ehrenpforten, Kränzlein, Kuchen, Tanz, Feuerwerckspuffen, Serenade und s. w. Wir waren vergnügt ich hatte das Glück alles sehr schön zu sehen. Und nun bin ich im Garten hab eine Viertelstunde nach dem Feuerzeug getappt und mich geärgert und bin so froh dass ich iezt Licht habe Dir das zu schreiben. Dadrüben auf dem Schlosse sah ich viel Licht indess ich nach Einem Funcken schnappte, und wusste doch dass der Herzog gern mit mir getauscht hätte, wenn er's in dem Augenblick hätte wissen können. Es ist ein trefflicher Junge und wird wills Gott auch ausgähren. Friz wird gute Tage mit uns haben, so wenig ich ihm ein Paradies verspreche. Gute Nacht. Eine grose Bitte hab ich! — Meine Schwester der ich so lang geschwiegen habe als dir, plagt mich wieder heute um Nachrichten oder so was von mir. Schick ihr diesen Brief, und schreib ihr! — O dass ihr verbunden wärt! Dass in ihrer Einsamkeit ein Lichtstral von dir auf sie hin leuchtete, und wieder von ihr ein Trostwort zur Stunde der Noth herüber zu dir käme. Lernt euch kennen. Seyd einander was ich euch nicht seyn kann. Was rechte Weiber sind sollten keine Männer lieben, wir sinds nicht werth. Gute Nacht halb eilfe.

Dienstag d. 21. früh 6 aufgestanden herrlicher kühler Sonnenmorgen. Arbeiter im Garten. Ein Jäger bringt mir einen iungen Fuchs.

Mittwoch d. 22. um 10 Uhr. Gestern wieder nach Tiefurth die regierende Herzoginn war dort. Der Herzog und noch einige blieben die Nacht drausen, heut früh ritten wir herein dem Maneuvre der Husaren zuzusehn und nun bin ich wieder in meinem Garten.

Freytag d. 24 Morgens eilf in der Stadt. Habe viel ausgestanden die Zeit. Mittw. Nachmittag brach ein Feuer aus im Hazfeldischen 5 Stunden von hier der Herzog ritt hinaus biss wir hinkamen lag das ganze Dorf nieder, es war nur noch um Trümmern zu retten und die Schul und die Kirche. Es war ein groser Anblick ich stand auf einem Hause wo das Dach herunter war und wo unsre Schlauchsprizze nur das untre noch erhalten sollte, und sieh Gustgen und hinter und vor und neben mir feine Glut, nicht Flamme, tiefe hohlaugige *Glut* des niedergesuncknen Orts, und der Wind drein und dann wieder da eine auffahrende Flamme, und die herrlichen alten Bäume um's ort inwendig in ihren hohlen Stämmen glühend und der rothe dampf in der Nacht und die Sterne roth und der neue Mond sich verbergend in Wolcken. Wir kamen erst Nachts zwey wieder nach Hause. Gestern Donnerst. d. 23 ist mir auch wieder wunderbaars Wesen um den Kopf gezogen — Was wirds werden, ich hab eben noch viel auszustehen, das ists was ich in allen Drangsaalen meiner Jugend fühlte, aber gestählt bin ich auch, und will ausdauern bis ans Ende. Adieu. Nun hörst du wieder eine Weile nichts von mir. Schreib mir aber wann dichs freut. Friz soll kommen wann er gerne mag der Herzog hat ihn lieb wünscht ihn ie eher ie lieber, will ihn aber nicht engen. Adieu. Ich bin ewig derselbe

G.

An meine Schwester die Addresse.

Frau Hofrath Schlosser

fr. Rheinhausen nach Emmedingen im Brisgau.

Der vierzehnte Brief

d. 28. Aug. Guten Morgen Gustgen! Wie ich aus dem Bette steige guten Morgen. Ein herrlich schöner Tag aber kühl. Die Sonne liegt schon auf meinen Wiesen! — Der Thau schwebt noch über dem Fluss. Lieber Engel warum müssen wir so fern von einander seyn. Ich will hinüber ans Wasser gehn und sehn ob ich ein Paar Enten schiesen kann.

Gegen 12. Ich verspätete mich auf der Jagt. Erwischte eine Ente. Kam drauf gleich in das Getreibe des Tags und bin nun ganz zerstreut. Adieu indess.

Nachmittag 4. Ich erwarte Wiel[an]ds Frau und Kinder. Habe heut viel an dich gedacht.

Abends 7. Sie gehn eben von mir weg! — Und nun nichts mehr. — Gott sey Danck ein Tag an dem ich gar nicht gedacht, an dem ich mich blos den sinnligen Eindrücken überlassen habe. Nun Adieu für heut bestens.

d. 30. Es geht mir wie dir Gustgen, ich hab auch was auf dem Herzen, also heraus damit.

Von Friz hab ich noch keinen Brief. Der Herzog glaubt noch er komme, und man fragt nach ihm und ich kann nichts sagen. Lieb Gustgen mir ist lieber für Frizzen dass er in ein würckendes Leben kommt, als dass er sich hier in Cammerherrlichkeit abgetrieben hätte. Aber Gustgen — er nimmt im Frühjahr den Antrag des Herzogs an, wird öffentlich erklärt, in allen unsern Etats steht sein Nahme, er bittet sich noch aus den Sommer bey seinen Geschwistern zu seyn, man lässt ihm alles, und nun kommt er nicht. Ich weis auch dass Dinge ein Geheimniss bleiben müssen — Aber — Gustgen ich habe noch was auf dem Herzen das ich nicht sagen kann — — — — Und die, die man so behandelt, ist Carl August Herzog zu Sachsen, und dein Goethe Gustgen. Lass mich das iezt begraben, wir wollen dran wegstreichen. Adieu Engel ich muss den Brief schliessen. Ich mach eine kleine Reise sonst kriegst du ihn wieder lang nicht.

G.

Der fünfzehnte Brief

Danck Gustgen dass du aus deiner Ruhe mir in die Unruhe des Lebens einen Laut herüber gegeben hast.

Alles geben Götter die unendlichen

Ihren Lieblingen ganz

Alle Freuden die unendlichen

Alle Schmerzen die unendlichen ganz.

So sang ich neulich als ich tief in einer herrlichen Mondnacht aus dem Flusse stieg der vor meinem Garten durch die Wiesen fliest; und das bewahrheitet sich täglich an mir. Ich muss das Glück für meine Liebste erkennen, dafür schiert sie mich auch wieder wie ein geliebtes Weib. Den Todt meiner Schwester wirst du wissen. Mir geht in allem alles erwünscht, und leide allein um andre. Leb wohl grüse Henrietten! Ist das noch eine eurer Schwestern? oder Christels Frau? zwar sie hat der Brüder Handschrifft! Wenn ich einmal wieder ans Schreiben komme, will ich ia wol sehn ob ich dadrüber was sagen kan was sie will. Grüse die Brüder und behaltet mich lieb.

Weimar d. 17. Jul. 77.

Goethe.

Der sechzehnte Brief

Beste! heute nur ein Wort, und ein paar Lieder von mir, komponirt von einem lieben Jungen, dem Fülle im Herzen ist. Hier auch ein Schattenriss von Klopstock. Die Lieder lassen Sie nicht abschreiben auch nicht die Melodien. Nächstens kriegen Sie mehr. Hier indess eine Grabschrifft.

Ich war ein Knabe warm und gut

Als Jüngling hatt ich frisches Blut

Versprach einst einen Mann

Gelitten hab ich u. geliebt

Und liege nieder ohnbetrübt

Da ich nicht weiter kann.

den 17. Merz 78.

G.

Der siebzehnte Brief

Für ihr Andencken liebes Gustgen danck ich Ihnen recht herzlich. Die kleine gute Schardt will ein Zettelgen von mir, sie ist in meinem Garten mit mehr Gesellschafft an einem schönen schwülen Abend. Lange hab ich mir vorgesetzt Ihnen etwas zu schicken und zu sagen, es ist aber kein stockigerer Mensch in der Welt als ich wenn ich einmal ins stocken gerathe. Grüsen Sie die Brüder, schreiben mir wieder einmal von sich, und knüpfen Sie wenn Sie mögen den alten Faden wieder an, es ist ia dies sonst ein weiblich Geschäfft. Adieu. Den 3. Juny 1780.

G.

Der achtzehnte Brief

Ihr Brief meine Beste hat mich beschämt, und mich meine Nachlässigkeit verwünschen gemacht.

Zu Anfang des Jahrs redete ich mit der kleinen Schardt ab, Ihnen ein Portefeuille zu mahlen und es zum Geburtstag zu schicken. Es stand lange gestickt in meiner Stube und ich konnte nicht dazu kommen, daß endlich der 15te verstrich. Wäre es fertig geworden so hätten Sie es den Tag drauf als Ihr Brief abgegangen war erhalten. Nun hat es Frau v. Stein gemahlt, ist aber auch nicht glücklich gewesen der Atlas floss, er war zu dünne, es ist eben kein Glück und Segen dabey.

Behalten Sie mich lieb, grüsen Sie die Brüder! alles Glück dem neuen Paare! Ich bin wohl und noch immer in meinem Thale. Geniesen Sie des Lebens.

Weimar den 4. März 82.

Goethe.

Gräfin Auguste Stolberg an Goethe

B: d: 15t: October 1822.

Würden Sie, wenn ich mich nicht nennte, die Züge der Vorzeit, die Stimme die Ihnen sonst willkommen war, wieder erkennen? nun ja ich bins — Auguste — die Schwester der so geliebten, so heiß beweinten, so vermißten Brüder Stolberg. Könten doch diese aus der Wohnung ihrer Seeligkeit, von *dort* wo sie den *schauen*, an den sie *hier glaubten* — könten doch diese, mit mir vereint, Sie bitten: »Lieber Lieber Goethe, suchen Sie den, der sich so gerne finden läßt, glauben Sie auch an den, an den wir unser Lebe lang glaubten« Die seelig Schauenden würden hinzu fügen, »den wir nun schauen«! und ich sage: »der das Leben meines Lebens ist, das Licht in meinen trüben Tagen, und uns allen dreyen, Weg, Wahrheit, und Leben, unser Herr, und unser Gott, war.« und nun, ich rede auch im Nahmen der Verklärten Brüder die so oft den Wunsch mit mir aussprachen: »Lieber Lieber Goethe, Freund unsrer Jugend! Genießen auch Sie das Glük, waß schon im irrdischen Leben uns zu Theil ward, Glaube, Liebe, Hofnung!« und die Vollendeten setzen hinzu: »Gewißheit, und ewiger seeliger Frieden harrt denn auch deiner hier« — Ich lebe zwar nur noch in Hofnung deßen waß zukünftig ist, aber in seeliger Hofnung die mir so zur Gewißheit geworden ist, daß ich Mühe habe, die unendliche Sehnsucht darnach zu stillen — Ich las in diesen Tagen wieder einmal alle Ihre Briefe nach — the Songs of other times — die Harfe von Selma ertönte — Sie waren der kleinen Stolberg sehr gut — und ich Ihnen auch so herzlich gut — das kan nicht untergehen — muß aber für die Ewigkeit bestehen — diese unsre Freundschaft — die Blüthe in unsrer Jugend, muß Früchte für die Ewigkeit tragen, dachte ich oft — und so ergrif es mich beym Lesen Ihrer Briefe, und so nahm ich die Feder — Sie bitten mich einmal in Ihrem Briefe, »Sie zu retten« — nun maaße ich mir wahrlich nichts an, aber so ganz Einfältigen Sinns bitte ich Sie, retten Sie sich selbst. nicht wahr Ihre Bitte giebt mir dazu einiges Recht? — und ich bitte Sie immer, hören Sie in meinen Worten, die Stimme, meiner Brüder, die Sie so herzlich liebten — Ich habe denn meinen Wunsch, meinen dringenden Wunsch, ausgesprochen, den ich so oft wollte laut werden laßen: O ich bitte, ich flehe Sie Lieber Goethe! abzulaßen, von allem waß die Welt, Kleines, eitles, Irrdisches, und nicht gutes hat — Ihren Blik, und Ihr Herz zum Ewigen zu wenden — Ihnen ward viel gegeben, viel anvertraut. wie hat es mich oft geschmerzt, wenn ich in Ihren Schriften fand, wodurch Sie so leicht andern Schaden zu fügen — O machen Sie das gut, weil es noch Zeit ist — Bitten Sie um höhern Beystand, und er wird Ihnen, so wahr Gott ist, werden — Ich dachte oft, ich könte nicht ruhig sterben, wenn ich nicht mein Herz so gegen den Freund meiner Jugend, ausgeschüttet hätte — und ich denke ich schlafe ruhiger darum ein, wenn mein Stündlein schlägt — Die Jahre nicht nur, sondern viel früher haben, unsägliche Leiden, meine Haare schnee weiß gebleicht — aber nie wankte in mir das feste Vertrauen zu Gott, und die Liebe zu meinem Erlöser — bey allem waß mich traf, tönte es tief, und stark in meinem Innern: »Der Herr hat alles wohl gemacht!« Der Gott meiner Jugend, ist auch der Gott meines Alters — Als wir uns schrieben, war ich eins der glüklichsten Geschöpfe auf Erden, wie reich war ich! Früh durch die besten Eltern — Geliebt von den besten Geschwistern — später, das Geliebte Weib des Mannes meines Herzens — Mutter der besten Kinder — Aber welche Trübsale wurden mir zu Theil — der einzig von mir gebohrne Knabe — ein Kind von 4 Jahren, der die Wonne der Eltern, und der Stolz der Mutter war — ich sage nicht daß ich ihn verlohr — waß für ihn Gewinn war, sah mein Mutter-Herz nie als Verlust an — er gewann den Himmel, und nur mir ward der unsägliche Schmerz, zu Theil — und so konte ich selbst im heißen Schmerz, Gott danken und später — verlohr ich den Angebeteten Gatten — O dieß war noch ein ganz neuer, eigener, mit nichts zu vergleichender Schmerz — mir blieben noch die lieben Geschwister. Ach die herrlichen die unaussprechlich Geliebten Brüder! Ein Sturm riß den Jüngern hin — und zerstörte, die vorher noch Jugend volle Lebenskraft des Aeltern — durch diesen doppelten, so schnell auf einander folgenden Verlust, fühle ich mich, wie aufs neue verwaißt — Aber dennoch preise ich Gott — Ich finde sie ja alle wieder — Eltern, Geschwister, Freunde, Kinder, und den Geliebten Gatten — So gerne nähme ich auch die Hofnung mit mir hinüber, Sie Lieber Goethe, auch einst da kennen zu lernen — Noch Einmal bitte ich Sie — schlagen Sie es der nicht ab, die Sie einst Freundin, Schwester, nannten — Ich bete für Sie, daß Sie es ganz erfahren mögen, wie freundlich, und gütig der Herr ist, wie glüklich die auf Ihn trauen.

Bitte laßen Sie dieß unter uns bleiben — wollen Sie mir antworten? Ich mögte wißen wo Sie sind, waß Sie treiben. ich lebe meistens still auf dem Lande — meine liebe Enkelin, Tochter meines jüngsten Sohnes ist bey mir — sie ist 13 Jahr — meine Liebe, und meine Freude. Ich reiche Ihnen freundschaftlich meine Hand. Ihr Andenken ist nie in mir erloschen, und meine Theilnahme für Sie immer Lebendig geblieben — meine Wünsche für Ihr wahres Wohl, auch. Manches betrübte mich oft — Ich will so lange ich lebe, noch recht für Sie beten — mögten Sie sich doch darin noch recht mit mir vereinigen — Mein Erlöser ist ja auch der Ihrige, es ist auch in keinem andern Heil, und Seeligkeit zu finden. Ob Sie wohl noch an mich dachten? Bitte schreiben Sie ein paar Worte

an

Auguste Bernstorff-Stolberg.

Meine adresse ist: in Bordesholm

durch Hamburg.

d: 23 st:

Sie bitten mich in einem Ihrer Briefe, nachdem Sie lange geschwiegen hatten: »den Alten Faden wieder anzuspinnen, es sey dieß ja ohnehin ein Weibliches Geschäft.« Da ist er denn wieder angesponnen, und o! möge er sich denn nun biß in die Ewigkeit hineinspinnen! — So leben Sie denn wohl, und verkennen Sie meine Absicht nicht — Laßen Sie, ich bitte Sie, dieß ganz unter uns bleiben —

Letzter Brief Goethes an Auguste Stolberg

Von der frühsten, im Herzen wohlgekannten, mit Augen nie gesehenen theuren Freundin endlich wieder einmal Schriftzüge des traulichsten Andenkens zu erhalten, war mir höchst erfreulich-rührend; und doch zaudere ich unentschlossen, was zu erwidern seyn möchte. Lassen Sie mich im Allgemeinen bleiben, da von besondern Zuständen uns wechselseitig nichts bekannt ist.

Lange leben heißt gar vieles überleben, geliebte, gehaßte, gleichgültige Menschen, Königreiche, Hauptstädte, ja Wälder und Bäume, die wir jugendlich gesäet und gepflanzt. Wir überleben uns selbst und erkennen durchaus noch dankbar, wenn uns auch nur einige Gaben des Leibes und Geistes übrig bleiben. Alles diesem Vorübergehende lassen wir uns gefallen; bleibt uns nur das Ewige jeden Augenblick gegenwärtig, so leiden wir nicht an der vergänglichen Zeit.

Redlich habe ich es mein Lebelang mit mir und andern gemeint und bey allem irdischen Treiben immer auf's Höchste hingeblickt; Sie und die Ihrigen haben es auch gethan. Wirken wir also immerfort, so lang es Tag für uns ist; für andere wird auch eine Sonne scheinen, sie werden sich an ihr hervorthun und uns indessen ein helleres Licht erleuchten.

Und so bleiben wir wegen der Zukunft unbekümmert! In unseres Vaters Reiche sind viel Provinzen, und da er uns hier zu Lande ein so fröhliches Ansiedeln bereitete, so wird drüben gewiß auch für beyde gesorgt seyn; vielleicht gelingt alsdann, was uns bis jetzo abging, und angesichtlich kennen zu lernen und uns desto gründlicher zu lieben. Gedenken Sie mein in beruhigter Treue.

Vorstehendes war bald nach der Ankunft Ihres lieben Briefes geschrieben, allein ich wagte nicht, es wegzuschicken, denn mit einer ähnlichen Aeußerung hatte ich schon früher Ihren edlen, wackern Bruder wider Wissen und Willen verletzt. Nun aber, da ich von einer tödtlichen Krankheit in's Leben wieder zurückkehre, soll das Blatt dennoch zu Ihnen, unmittelbar zu melden: daß der Allwaltende mir noch gönnt, das schöne Licht seiner Sonne zu schauen; möge der Tag Ihnen gleichfalls freundlich erscheinen und Sie meiner im Guten und Lieben gedenken, wie ich nicht aufhöre, mich jener Zeiten zu erinnern, wo das noch vereint wirkte, was nachher sich trennte.

Möge sich in den Armen des allliebenden Vaters alles wieder zusammen finden.

wahrhaft anhänglich

Weimar den 17. Apr. 1823.

Goethe.

Anmerkungen

Der erste Brief. Adresse: *Der theuern Ungenandten.* Goethe weiß somit noch nicht, mit wem er es zu tun hat; siehe die Adresse des zweiten Briefes. Sein Schreiben hat er sicherlich durch die Brüder Stolberg befördert, durch deren Vermittlung er auch Gustchens anonymen Brief Mitte Januar erhalten haben wird. — *Musste er Menschen machen nach seinem Bild*: 1. Mos. 1, 26. — *wenn wir Brüder finden*: »Brüder« prägnant für das allgemeinere »Geschwister«; Goethe meint eben seine unbekannte Korrespondentin.

Der zweite Brief. Adresse: *Der teuern Ungenannten.* Doch geht aus dem letzten Absatz des Briefes hervor, daß dem Schreiber Namen und Aufenthaltsort Gustchens (durch deren Brüder?) bekannt geworden sind; der dritte Brief redet sie an »liebe Auguste«; siehe auch die Adresse des vierten. — *einer niedlichen Blondine*: Lili Schönemann (geb. 23. Juni 1758), die Tochter eines vermögenden Frankfurter Bankherrn, die Goethe zu Anfang des Jahres kennen gelernt hatte. Die Schilderung, die er hier von dem Gesellschaftstreiben im Hause der Geliebten entwirft, kehrt wieder im Gedichte »An Belinden« (»Warum ziehst du mich unwiderstehlich Ach, in jene Pracht?«): »Bin ich's noch, den du bei so viel Lichtern An dem Spieltisch hältst? Oft so unerträglichen Gesichtern Gegenüber stellst?« — *dumpfe tiefe Gefühle*: »dumpf« ein Lieblingswort des jungen Goethe zur Bezeichnung gefühlsschwerer, ahnungsvoller, unruhig treibender und schwellender Seelenstimmung. — *Dramas*: Claudine von Villa Bella, Erwin und Elmire (vgl. S. 22), Stella (vgl. S. 18, 34), Faust (vgl. S. 30).

Der dritte Brief. — *Auf dem Land bey sehr lieben Menschen*: in Offenbach oberhalb Frankfurts in der Familie des Komponisten Johann André (1741-1799), der, ursprünglich Seidenfabrikant, seit 1774 dort einen Musikverlag besaß; er hat Goethes »Erwin und Elmire« komponiert. Zu dem Offenbacher Kreise gehörte ferner der Kaufmann Jean George d'Orville, ein Onkel Lilis, mit seiner Gattin Jeanne Rahel, geb. Bernard, sodann der reformierte Pfarrer Joh. Ludw. Ewald (1747-1822), der sich späterhin, vom Rationalismus zu biblisch-positivem Glauben bekehrt, in einflußreichen geistlichen Stellungen als gefälliger, lebhafter, vielseitiger, aber allzu redseliger Vielschreiber, namentlich auf pädagogischem Gebiet im Sinne Pestalozzis, beträchtliche Verdienste um Bildung und Gesittung des Volkes erworben hat. Siehe S. 30, 31. — *in Erwartung*: Lilis, die etwa am 9. eingetroffen sein wird. — *Heut ist der 6. März*: nein! Goethe schreibt am 7., einem Dienstag, an dessen Morgen er nach Offenbach hinausgewandert war. — *aufgewegt*: veraltete Form statt »aufgeregt«, »erregt«. — *an meine Schwester schreiben*: Schwester Cornelia, seit 1. November 1773 mit Joh. Georg Schlosser vermählt, lebte seit Ende Juni 1774 in Emmendingen (Baden), wo ihr Gatte, zunächst vertretungsweise, dann (seit Juni 1775) als Oberamtmann, der Regierung der badischen

Markgrafschaft Hochberg vorstand. — *Lavaters Phisiognomischer Glaube*: Joh. Kaspar Lavater (1741-1801), Diakonus in Zürich, seit 1775 Pfarrer an der Waisenhauskirche daselbst, Schriftsteller tiefster Empfindung und verstiegenen Ausdrucks, in wundergläubiger Christusschwärmerei und religiöser Überspannung befangen, begabt mit dem Zauber hinreißender persönlicher Liebenswürdigkeit und der Werbekraft enthusiastischer Überzeugung, suchte in seinen vierbändigen »Physiognomischen Fragmenten« dem Versuche, die Linien des Menschengesichtes für Erkennung des Charakters zu verwerten, wissenschaftliche Methode zu geben; Goethe, seit August 1773 mit ihm in Verbindung, hatte ihn hierin durch Zeichnungen und Silhouetten, namentlich aber auch durch Charakterschilderungen und Profildeutungen unterstützt. — *schick ich Ihnen eins geschrieben*: Stella (vgl. S. 16). — *Freu[den] und Kinder*: die zweite Silbe des ersten Wortes hat Goethe beim Übergang von einer Zeile in die folgende irrtümlich ausgelassen: Freu-. Die Schrift ist nicht deutlich; »Frau-« oder »Frauen« steht jedenfalls *nicht* da. Wenige Zeilen weiter nennt Goethe seine Arbeiten die »aufbewahrten Freuden seines Lebens«. — *seziren meines armen Werthers*: Goethe denkt namentlich an die im Januar erschienene »Berichtigung der Geschichte des jungen Werthers« des früheren Juristen in Wetzlar, damaligen hannoverschen Gardeleutnants Karl Wilh. Frhr. v. Breidenbach (1751-1813). — *Berliner ppp Hundezeug*: die von dem Berliner Buchhändler und Aufklärungsschriftsteller Friedrich Nicolai (1733-1811) verfaßten »Freuden des jungen Werthers«, gleichfalls im Januar 1775 herausgekommen; in diesem geschickt geschriebenen Erzeugnis hausbackener Nüchternheit, das von Goethe zeitlebens eines besonderen Grimmes gewürdigt worden ist, wurden Werthers Pistolen »mit 'ner Blase voll Blut« geladen, das den Helden beim Schusse aufs schmählichste besudelt; »'s von 'em Huhn, das heute Abend mit Lotten verzehren solt«, tröstet ihn Albert, der ihm Lotten zu nicht immer erfreulich ausfallender Ehe abtritt. — *die Kinder tollen*: des Ehepaares André. — *Paradiesgärtlein*: des braunschweigisch-lüneburgischen Generalsuperintendenten Joh. Arndt in Celle (1555-1621) viel benutzte erbauliche Sammlung von Gebeten und Gebetliedern »Das Paradiesgärtlein voll christlicher Tugenden«. — *Bergere*: Sofa. — *Stube*: Goethes dreifenstriges, der Straße zugekehrtes Wohnzimmer im Dachgeschoß des väterlichen Hauses.

Der vierte Brief. Adresse: *Augusten.* — *zu einem verdrüslichen Geschäfft*: doch wohl seiner Anwaltspraxis. — *beygehendes Zettelgen*: ist verloren. — *Ehlers*: Martin Ehlers (1732-1800), damals Gymnasialrektor zu Altona, später Professor in Kiel, pädagogisch-philosophischer Schriftsteller; ein Brief an ihn ging am 14. April ab. — *innigen Freundin*: v. Oberg, Stiftsdame im Stifte Ütersen (unterhalb Altona unweit vom rechten Ufer der Elbe). — *Fieber*: zu Gustchens Krankheitsanfällen siehe noch S. 34.

Der fünfte Brief. In der Zeit dieses Briefes (April) ist Goethes Verhältnis zu Lili durch die Einwilligung der beiderseitigen Familien zur förmlichen Verlobung gediehen. — *Liedgen*: die Arie Erwins »Ihr verblühet süße Rosen« aus »Erwin und Elmire« (vgl. S. 16), für die Goethes Freund, der Frankfurter Komponist Philipp Kayser (1755-1823), eine Melodie des französischen Opernkomponisten A. E. Grétry (1741-1813) umgebildet hatte. — *Ihre Brüder kommen*: aufgefordert von ihrem Göttinger Studiengenossen, dem Baron Kurt v. Haugwitz, dem späteren Grafen und preußischen Minister (1752-1831), hatten sich die Grafen Christian und Friedrich Leopold zu einer Reise in die Schweiz entschlossen. Sie trafen etwa am 9. Mai in Frankfurt ein, wo sie von Haugwitz erwartet wurden. Gleich nach ihrer Ankunft erschien Goethe bei ihnen. Er erklärte sich alsbald bereit, die neuen Freunde auf ein großes Stück des geplanten Weges zu begleiten; er hoffte im Wechsel frischer Natureindrücke sein stürmendes Herz zu beruhigen und durch eine Trennung seine quälend-beseligenden Gefühle für Lili sich klären und entscheiden zu lassen. Am 14. Mai 1775 ward die Reise angetreten. — *zweiten Band der Iris*: die von dem Anakreontiker Joh. Georg Jacobi (1740-1814) in Düsseldorf herausgegebene Vierteljahrsschrift »Iris« enthielt in des zweiten Bandes erstem Stück (Januar 1775) das Gedicht »Kleine Blumen, kleine Blätter«, das »Maifest« (»Wie herrlich leuchtet«) und den »Neuen Amadis« (»Als ich noch ein Knabe war«), in des zweiten Bandes drittem Stück (März 1775) außer »Erwin und Elmire« die Gedichte: »An Belinden« (»Warum ziehst du mich unwiderstehlich«, vgl. S. 50), »Neue Liebe, neues Leben« (»Herz, mein Herz, was soll das geben«), »Willkommen und Abschied« (»Es schlug das Herz, geschwind zu Pferde«).

Der sechste Brief. Ein unvollendeter Brief, der vielleicht mit dem siebenten, wenn nicht noch später abgeschickt worden ist. — *Wie weit ists nun*: Gustchen war von einer Reise nach Hamburg nach Kopenhagen zurückgekehrt. — *wieder in Franckfurt*: seit dem 22. Juli. Die Briefe, die Goethe von der Reise an Gustchen gerichtet haben wird, sind nicht überliefert. — *in Zürch getrennt*: etwa am 6. Juli. Die Stolberge setzten durch die Schweiz ihre Reise fort, die sie an den Comer und Genfer See führte. — *im Wolckenbade*: auf dem St. Gotthard. — *Ich litt mit ihm*: in Straßburg (am 25. Mai) hatte Fritz Stolberg die Nachricht erhalten, daß Sophie Hanbury, eine junge Engländerin in Hamburg, der er seine Liebe gewidmet, seine Neigung nicht erwidern könne: vgl. S. 25. — *Gräfin Bernsdorf*: Gustchens Schwester Henriette Friederike, die erste Gattin des hochverdienten dänischen Ministers Andreas Petrus Bernstorff (1735-1797), dem nach dem Tode der Schwester (1782) Gustchen dann selbst die Hand zur Ehe gereicht hat. — *Zettelgen*: gemeint ist nicht etwa eine Beilage, sondern der ganze sechste Brief.

Der siebente Brief. — *Hier*: in Offenbach, im Hause d'Orvilles, vor Lilis Schreibtisch. — *der Brief liegt in der Stadt*: jedenfalls Brief Nr. 6 (S. 23), der dann gelegentlich mit dem Vermerk: »Hier ein altes verlohrnes Zettelgen« abgeschickt worden ist. — *Ihm ist wohler*: weil für ihn die Entscheidung gefallen (vgl. S. 23). — *Schlacht bey Bergen*: am 13. April 1759 zwischen Herzog Ferdinand von Braunschweig und den Franzosen unter Marschall Broglie; sie ward die Ursache des im dritten Buche von »Dichtung und Wahrheit« geschilderten Zusammenstoßes zwischen Goethes Vater und dem Königsleutnant Grafen Thoranc. — *Pannier*: Reifrock. — *vier Heumans Kinder*: die vier Genossen der Schweizer Reise, die gleich Rainald von Montalban und seinen drei Brüdern, den Helden der »Schönen Historie von den vier Haimonskindern, samt ihrem Roß Bayart« auf Abenteuer ausgezogen waren. Nach der Mutter der Haimonskinder hat Goethes Mutter den Namen »Frau Aja« erhalten. — *stechen lassen*: die Silhouetten Goethes, der Stolberge, des Barons v. Haugwitz finden sich in Lavaters »Physiognomischen Fragmenten«, im dritten Versuch (1777), auf der Kupfertafel zu S. 35. — Statt der Unterschrift ein Schnörkel.

Der achte Brief. — *Schlang im Grase*: nach dem Worte des Vergil: latet anguis in herba (Bucol. 3, 93). — *Trompte*: veraltet statt »Trompete«. — *Ubalds Schild*: in Tassos »Befreitem Jerusalem« erkennt Rinaldo, den die schöne Zauberin Armida in Liebe und Wohlleben gefesselt hält, in dem ihm vorgehaltenen demantenen Schilde des Ritters Ubaldo sein durch Tand und weibischen Putz entwürdigtes Wesen. — *zwey Fürstinnen*: vermutlich die verwitwete Markgräfin Sophie Karoline von Brandenburg-Bayreuth (geb. 1737) und die verwitwete Herzogin Charlotte Amalie von Sachsen-Meiningen (geb. 1730). — *iunges Paar*: Pfarrer Ewald (vgl. S. 17) hatte sich am 10. September mit Rachel Gertrud du Fay, der Tochter eines Frankfurter Kaufmanns, vermählt. Zur Hochzeitfeier hatte Goethe das »Bundeslied« (»In allen guten Stunden«) gedichtet. — *iunge Frau liegt auf dem Bette*: Frau André, die am 6. Oktober einen Knaben (Joh. Anton) zur Welt brachte. — *Verliebelte ... mit einem Mädgen*: Lottchen Nagel, ein Mädchen anscheinend niederen Standes, in ärmlicher, kellerartiger Behausung wohnend, aber wohl durch Anmut, Ursprünglichkeit und urwüchsigen Geist den naturhungrigen Genossen der Frankfurter Geniezeit ein Gegenstand verliebter Bewunderung. Goethe hat sogar die Grafen Stolberg bei ihr eingeführt, an sie das Gedicht »An Lottchen« (»Mitten im Getümmel mancher Freuden«) gerichtet. — *Ratte die Gift gefressen*: Umschreibung des Liedes »Es war eine Ratt im Kellernest« in der Szene »Auerbachs Keller« des »Faust«. Aus dieser Übereinstimmung ist nicht zu schließen, daß die »Faust«-Szene, die Goethe am Morgen gedichtet, eben die Szene »Auerbachs Keller« gewesen sei. — *war Lili hier*: zum Hochzeitfeste Ewalds. — *süsen Geschöpfe zu lieb*: unbestimmbare Persönlichkeit; vgl. S. 33. — *Geist der reinheit*: man gedenkt der Worte, die Goethe in sein Weimarer Tagebuch unterm 7. August 1779 eingeschrieben: »Möge die Idee des Reinen, die sich bis auf den Bissen erstreckt, den ich in Mund nehme, immer lichter in mir werden.«

Der neunte Brief. Unmittelbare Fortsetzung des achten, begonnen am 20. September. In den letzten Tagen des Septembers scheint sich das Verhältnis zu Lili endgültig gelöst zu haben. Lili hat sich 1778 mit dem Bankherrn Bernhard Friedrich v. Türckheim in Straßburg vermählt. Die Charakterstärke und Seelengröße, die sie später in den Stürmen der Französischen Revolution als Gattin und Mutter bewährt hat, zeigen, daß Goethe die Liebeskraft seines Dichterherzens an keine Unwürdige verschwendet hat. Sie ist 6. Mai 1817 gestorben. — *Prinzen von Meinungen*: Herzog August Friedrich Karl von Sachsen-Meiningen (1754-1782) und sein Bruder Georg Friedrich (1761-1803), die mit ihrer Mutter (vgl. S. 28) in Frankfurt weilten. — *ums Thor*: um die Stadtmauer. — *Manns von Geist*: nicht bestimmbar. — *tolles Zeug*: vermutlich jenes Mißverständnis, das Goethe (mit irrtümlicher Festsetzung des Zeitpunktes?) im 20. Buch von »Dichtung und Wahrheit« erzählt. Am 11. Dezember 1774 hatte Goethe den Erbprinzen Carl August von Sachsen-Weimar und Eisenach (1757-1828) kennen gelernt. Am 3. September 1775 großjährig geworden und zur Regierung gelangt, weilte Herzog Carl August wiederum etwa 20.-22. September in Frankfurt, auf der Durchreise nach Karlsruhe, wo am 3. Oktober seine Vermählung mit der Prinzessin Luise von Hessen-Darmstadt (1757-1830) stattfand. Für den 22. September nun hatte Goethe eine Einladung zur Tafel von den Prinzen von Meiningen erhalten, glaubte jedoch, es handele sich um eine Einladung zu Carl August. Er suchte diesen auf, fand ihn bei den Prinzen von Meiningen, von denen sich Carl August zur Weiterfahrt verabschieden wollte, und verließ mit ihm die Prinzen nach kurzem Besuch, um dann selbst auf der Straße vom Herzog, der den Reisewagen bestieg, entlassen zu werden. — *erwarte den Herzog v. Weimar*: der mit seiner Gemahlin am 12. Oktober wiederum in Frankfurt eintraf. — *nach Hamburg*: Goethe wollte mit den Grafen Stolberg, die, von ihrer Schweizer Reise (vgl. S. 23) zurückkehrend, ihn in Weimar abholen sollten, Klopstock und Gustchen besuchen. — *Weimar*: hier war er am 7. November angekommen. — *erwarte deine Brüder*: sie langten am 26. November in Weimar an und verließen es am 3. Dezember 1775, ohne Goethe, der, vom Herzog zurückgehalten, dann am 11. Juni 1776 aus einem Gaste des Herzogs als Geh. Legationsrat sein vertrauter Beamter geworden ist.

Der elfte Brief. — *Kranck*: die Nachricht von der schwerem Erkrankung Gustchens im März 1776 hat Goethe vermutlich durch Fritz Stolberg erhalten; noch Ende April war sie nicht ganz wiederhergestellt; vgl. S. 22. — *Stella*: vgl. S. 16; Ende Januar 1776 hatte Goethe die gedruckten Exemplare dieses »Schauspieles für Liebende« erhalten und wird alsbald eines an Gustchen gesendet haben. — *Mittwoch nach Ostern*: 10. April.

Der zwölfte Brief. — *das ist alles was ich thun kann*: um sie, die in ihrem Briefe vermutlich ihrer Sorge über das angeblich wilde Weimarer Treiben (vgl. S.

40) Ausdruck gegeben hatte, durch genaue Darstellung seines Lebens von der Haltlosigkeit des bösen Gerüchtes zu überzeugen.

Der dreizehnte Brief. — *In meinem Garten*: in unmittelbarer Nähe des Parks, am Abhang eines mäßigen Höhenzuges, unweit des rechten Ilmufers gelegen, ein Geschenk des Herzogs, das Goethe am 21. April 1776 in Besitz genommen hat. — *Rittmeister*: Friedr. Ernst v. Lichtenberg, Rittmeister des weimarischen Husarenkorps. — *Frau v. Stein*: Goethe hat sie Mitte November 1775 kennen gelernt. — *Ihr Mann*: Oberstallmeister des Herzogs Frhr. Gottlob Ernst Josias Friedrich v. Stein auf Kochberg (1735-1793). — *ihr Bruder*: der Regierungsrat Ernst Karl Constantin v. Schardt. — *Ilten*: Karoline v. Ilten und ihre Schwester Sophie. Karoline stand in leidenschaftlichen Beziehungen zum Prinzen Constantin, die vom Herzog mißbilligt wurden: Sophie ist 1778 Gattin des Rittmeisters v. Lichtenberg geworden. — *Herzoginn Mutter*: Anna Amalia (1739-1807). — *dem Prinzen*: Carl Augusts jüngerer Bruder Constantin (1758-1793). — *Ich hab das ausgestrichen*: ausgestrichen ist im Briefe von »mich dahin zu stellen« (Seite 36, 3. Zeile v. u.) bis »als Vorbereitung an«. — *Philipp*: Goethes vertrauter Diener Philipp Seidel. — *Krause*: Georg Melchior Kraus, der Leiter der Weimarer Zeichenschule. — *Guiberts Tacktick*: des französischen Generals und Militärschriftstellers Jacques Antoine Hippolyte Grafen v. Guibert (1743-1790) damals vielbeachteter zweibändiger »Essai général de tactique«. — *eines meiner Freunde*: vielleicht Joh. Heinrich Jung, gen. Stilling (1740-1817), der, ursprünglich Schneidergeselle, in Straßburg, wo er Goethes Tischgenosse gewesen, Medizin studiert hatte und damals als Arzt in Elberfeld lebte. Goethe hat seine von tiefster religiöser Empfindung getragene Selbstbiographie 1777 zum Druck befördert. — *Tiefurt*: unterhalb Weimars am linken Ilmufer. — *Friz wird gute Tage mit uns haben*: vom Herzog zum Kammerherrn ernannt, wurde er zum Antritt seines Amtes in Weimar erwartet; vgl. S. 40. — *in ihrer Einsamkeit*: Cornelia fühlte sich in ihrer Ehe nicht glücklich. — *Habe viel ausgestanden*: durch den leitenden Minister Jacob Friedrich v. Fritsch, der sich der Anstellung Goethes widersetzte, und durch die Liebe zu Charlotte v. Stein.

Der vierzehnte Brief. — *Von Friz .. noch keinen Brief*: Fritz wurde von der Übernahme seiner Weimarer Verpflichtung durch Klopstock abgehalten, den übertreibende Gerüchte vom zügellosen Leben des Herzogs und seines Freundes erregt hatten. — *kleine Reise*: nach Ilmenau.

Der fünfzehnte Brief. — *Todt meiner Schwester*: Cornelie war am 8. Juni 1777 gestorben. — *Henrietten*: die Gräfin Bernstorff, Gustchens Schwester (vgl. S. 23, 27). — *Christels Frau*: Luise, geb. Gräfin Reventlow.

Der sechzehnte Brief. — *Jungen*: der Weimarer Kammerherr Karl Friedr. Sigismund Frhr. v. Seckendorff (1744-1785).

Der siebzehnte Brief. — *Schardt*: Sophie Friederike Eleonore v. Schardt, als Gattin des Regierungsrates v. Schardt (vgl. S. 36) Schwägerin der Frau v. Stein, war als Tochter des Kanzleidirektors Andreas v. Bernstorff in Hannover mit Gustchens Schwager und späterem Gatten, dem Grafen Andr. Petr. Bernstorff verwandt.

Der achtzehnte Brief. — *kleinen Schardt*: vgl. S. 42. — *Geburtstag*: 7. Januar. — *neuen Paare*: Fritz Stolberg hatte sich mit Agnes v. Witzleben verlobt.

Gräfin Auguste an Goethe. — *heiß beweinten, so vermißten Brüder*: Friedrich Leopold war am 5. Dezember 1819, Christian am 18. Januar 1821 gestorben. — the Songs of other times — *die Harfe von Selma*: Anspielung auf die Ossian-Übersetzung, die Goethe seinem »Werther« eingefügt hatte. — *das Geliebte Weib*: sie hatte am 8. August 1783 den Grafen A. P. Bernstorff, ihren verwitweten Schwager, geheiratet. — *Kinder*: Stiefkinder, sieben Söhne und drei Töchter. — *verlohr ... den Gatten*: Graf Bernstorff starb 21. Juni 1797. — *Ein Sturm riß den Jüngern hin*: Fritz, schon lange schwer leidend, starb, wie man sagte in der Erregung über den grimmigen Angriff, den sein einstiger Studienfreund Joh. Heinr. Voß in der Schrift »Wie ward Fritz Stolberg ein Unfreier?« 1818 gegen ihn anläßlich seines (schon 1. Juni 1800 vollzogenen) Übertritts zum Katholizismus und der dadurch bedingten schriftstellerischen und praktischen Wirksamkeit zugunsten katholisch-aristokratischer Tendenzen gerichtet hatte.

Letzter Brief Goethes. — *viel Provinzen*: Ev. Johannis 14,2. — *wider Wissen und Willen verletzt*: am 2. Februar 1789 hatte Goethe, als am 15. November 1788 Fritz die geliebte Gattin Agnes (vgl. S. 43) verloren hatte, ihm geschrieben: »Wenn ich auch gleich für meine Person an der [materialistischen] Lehre des Lucrez mehr oder weniger hänge und alle meine Prätensionen in den Kreis des Lebens einschließe, so erfreut und erquickt es mich doch immer sehr, wenn ich sehe, daß die allmütterliche Natur für zärtliche Seelen auch zartere Laute und Anklänge in den Undulationen ihrer Harmonien leise tönen läßt und dem endlichen Menschen auf so manche Weise ein Mitgefühl des Ewigen und Unendlichen gönnt.« — *tödtlichen Krankheit*: am 17. Februar 1823 war Goethe plötzlich an Herzbeutelentzündung erkrankt, die ihn innerhalb einer Woche an den Rand des Grabes stellte; er erholte sich langsam im Verlauf des März.